ت ث ج

ح خ د ذ ر

ز س ش ص ض

ط ظ ع غ ف

ق ك ل م ن

هـ و ي

This book is brought to you by:

Kawkab Nour

Arabic For Little Ones

أ

alif

أَرْنَب

ب

baa

بَقَرَة

ﺕ

taa

تِمْسَاح

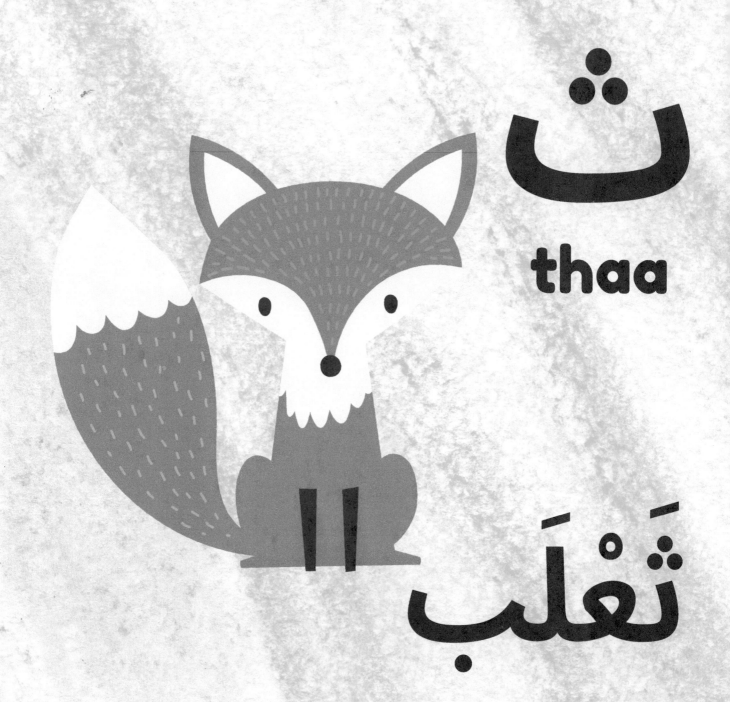

ث

thaa

ثَعْلَب

ج

jeem

جَمَل

ح

Haa

حُوت

خ

khaa

خَرُوف

د

daal

دُبّ

ذ
dhaal

ذِئْب

ر

raa

رَاكُون

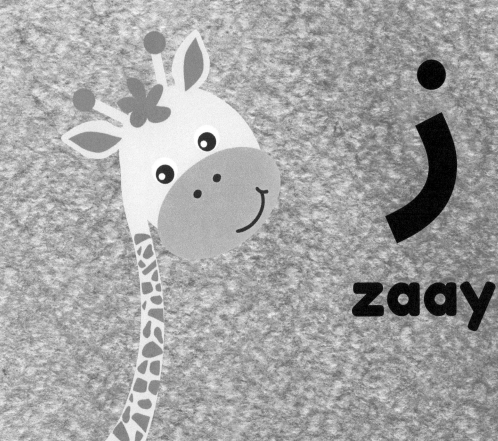

ز

zaay

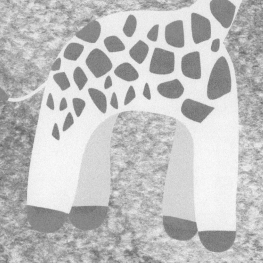

زَرَافَة

س

seen

سِنْجَاب

ش

sheen

شِبْل

ص

saad

صُوص

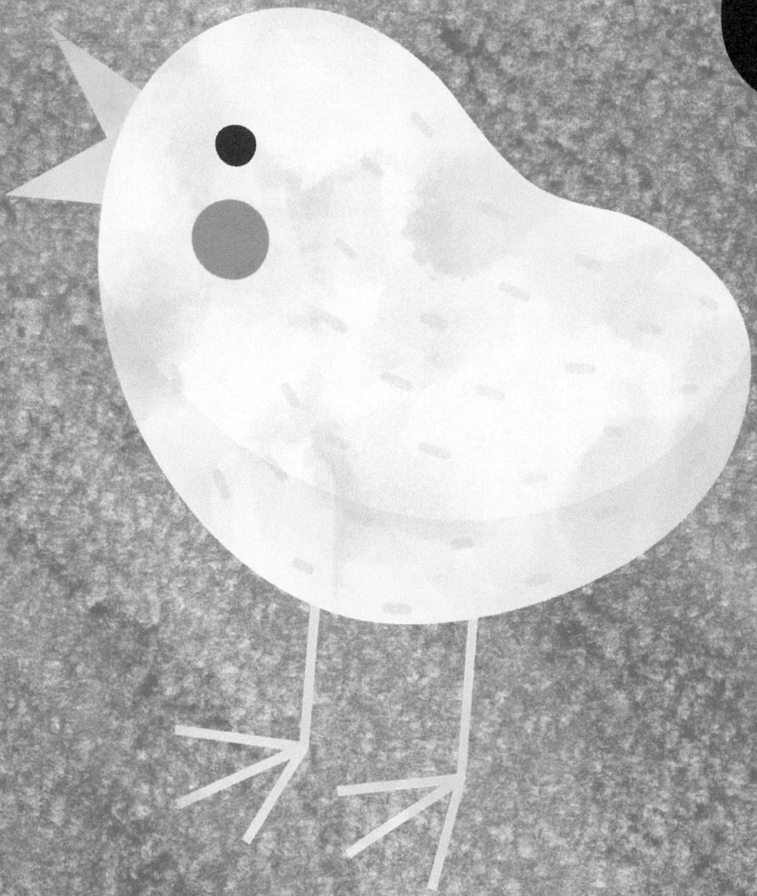

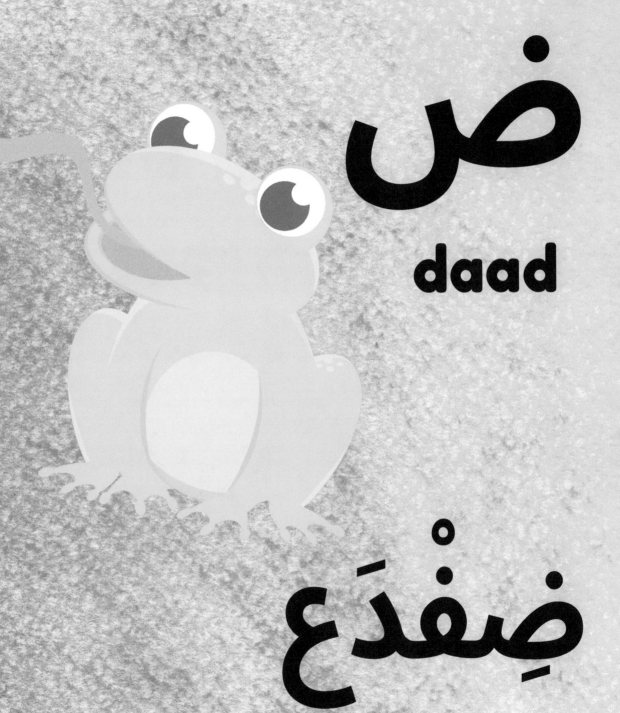

ض

daad

ضِفْدَع

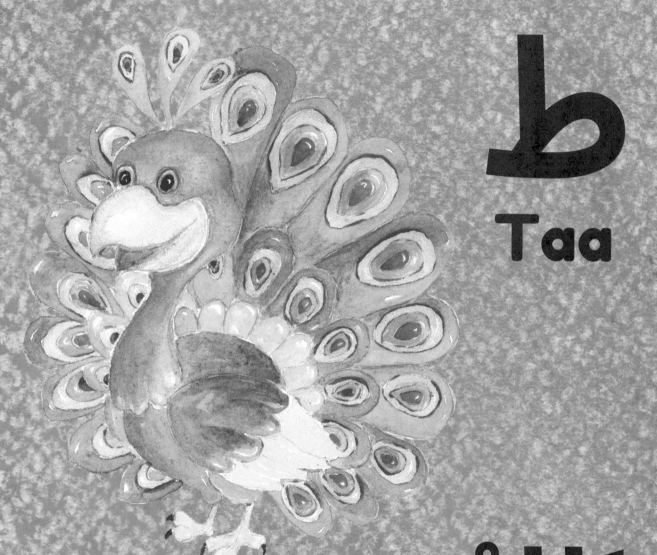

ط

Taa

طَاوُوس

ظ

Dhaa

ظَبِي

ع

ayn

عُصْفُور

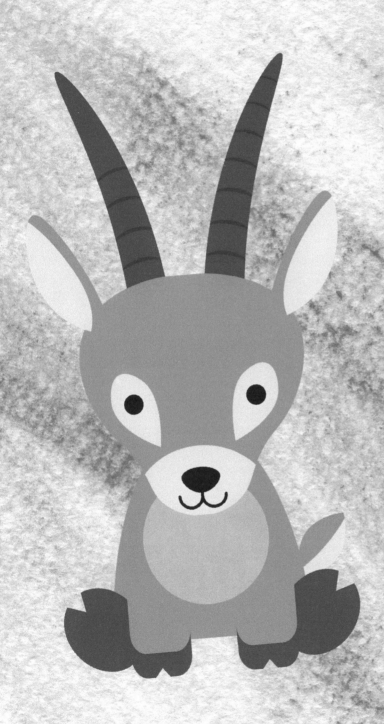

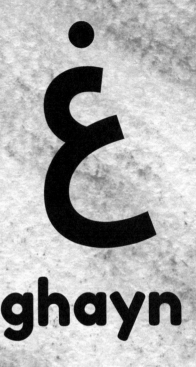

غ

ghayn

غَزَال

ف

faa

فِيل

ق

qaaf

قِطَّة

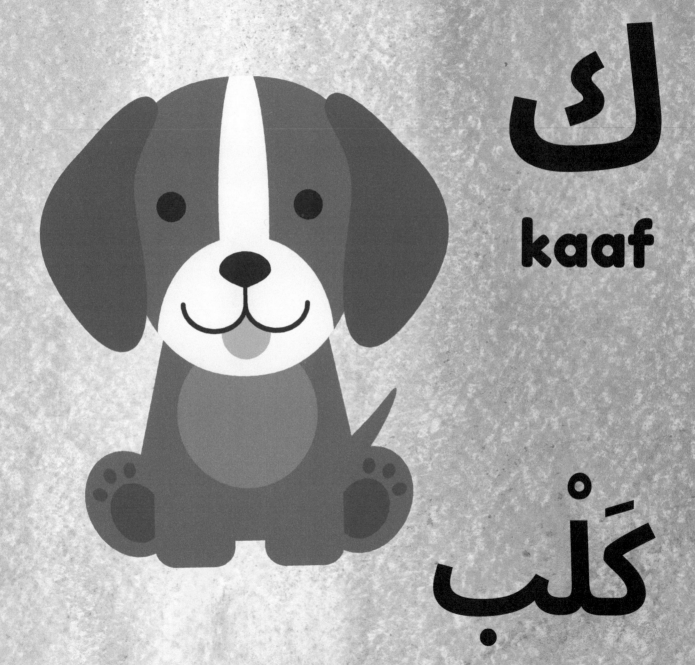

ك

kaaf

كَلْب

ل

laam

لَامَا

م

meem

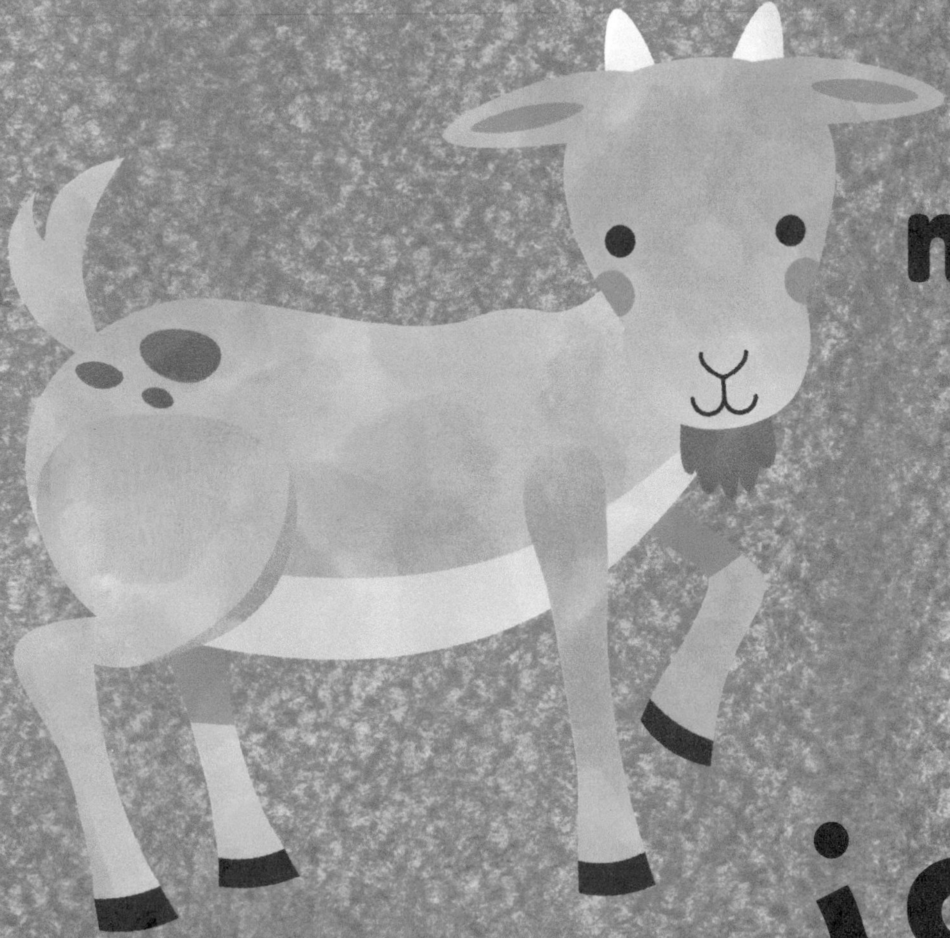

مَاعِز

ن

noon

نَعَامَة

ه

haa

هُدْهُد

و

waaw

وَحِيدُ القَرْن

ى

yaa

يَمَامَة

أَ أُ إِ

بَ بُ بِ

تَ تُ تِ

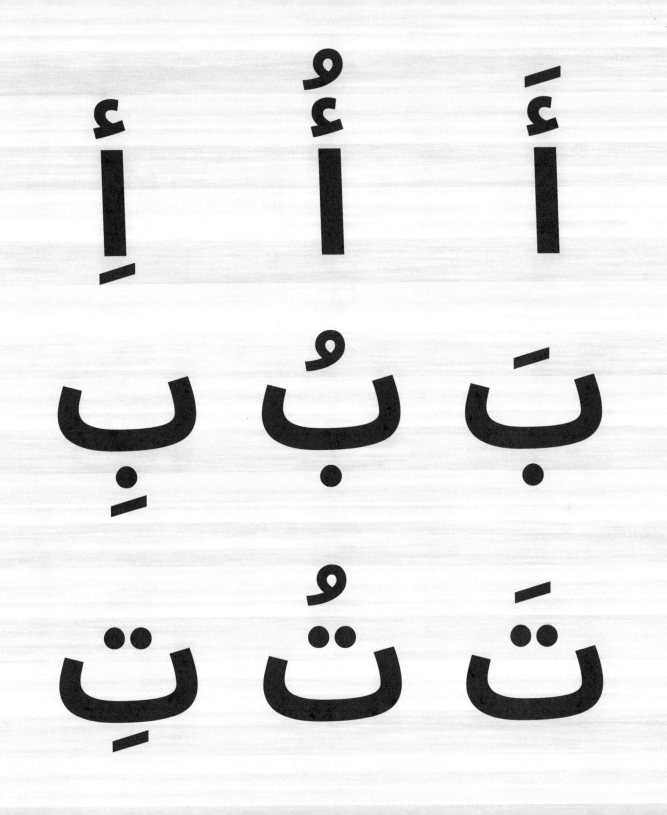

ثَ جَ حَ

ثُ جُ حُ

ثِ جِ حِ

خَ دَ ذَ

خُ دُ ذُ

خِ دِ ذِ

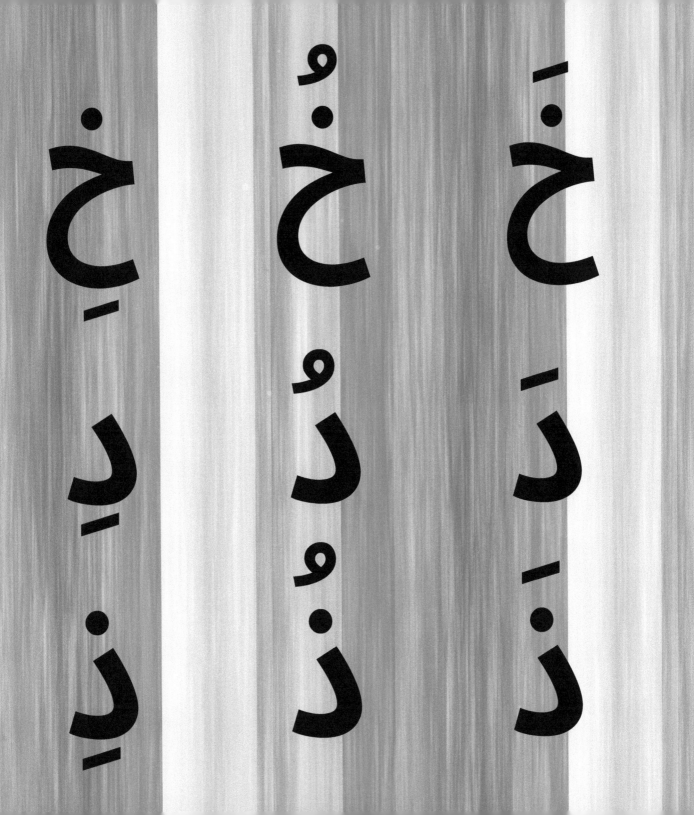

رَ رُ رِ

زَ زُ زِ

سَ سُ سِ

شَ شُ شِ

صَ صُ صِ

ضَ ضُ ضِ

طَ طُ طِ

ظَ ظُ ظِ

عَ عُ عِ

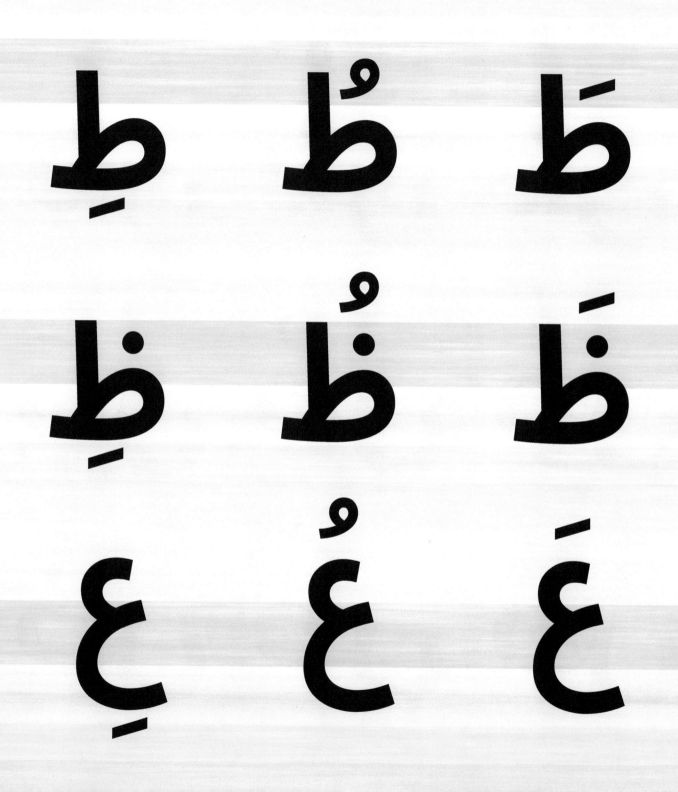

غَ غُ غِ

فَ فُ فِ

قَ قُ قِ

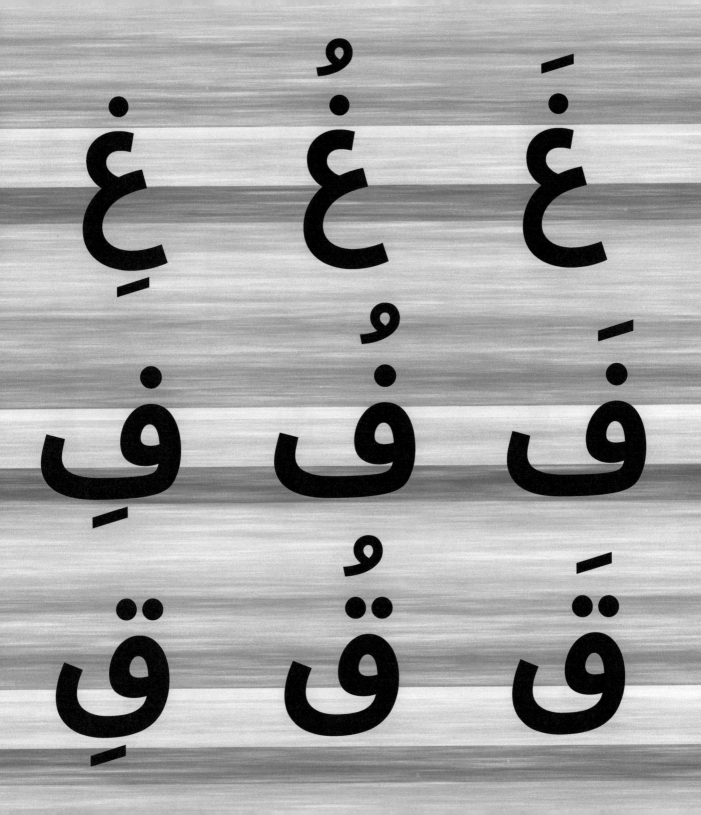

كَ كُ كِ

لَ لُ لِ

مَ مُ مِ

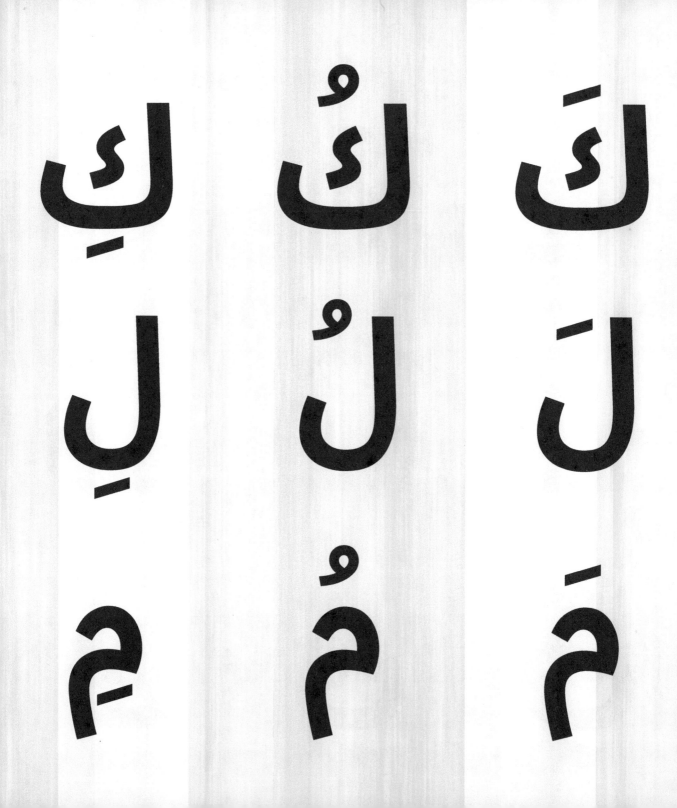

نَ نُ نِ

هَ هُ هِ

وَ وُ وِ

يَ يُ يِ

CPSIA information can be obtained
at www.ICGtesting.com
Printed in the USA
LVHW070256021221
705072LV00013B/46